101 Ordvitsar på kvinnonamn

Markus Olason

Förlag: BoD – Books on Demand, Stockholm, Sverige
Tryck: BoD – Books on Demand, Norderstedt, Tyskland

ISBN: 9789178519040

Förord

"Ingen människa är en ö". Jag hade aldrig kunnat skapa detta livsverk utan ett starkt stöd från de många vänner som kommit med idéer och uppmuntran under processen.

Vissa har varit mer bidragande än andra. Jag skulle specifikt vilja tacka Edvin, Are, Raz, Chriffan och Mortla som tvingats höra de vitsar som inte ens platsade i "De riktigt dåliga" kapitlet.

Jag vill också tacka mina kära bröder för all feedback och den vackra illustrationen på framsidan av boken.

Ett tack ska också riktas till Ralle som korrekturläst.

Slutligen vill jag tacka dig som läser denna sida för att du verkar tycka att det är en god idé att läsa den här boken.

Mycket nöje!

Kapitel

7

KÄRLEKSFÖRKLARINGAR

1.   Anna

Att jag skulle älska dig, det skulle jag aldrig kunnat an(n)a.

2. Dina

Mina händer är tomma men om det finns
någon som vill ha dom så är de dina.

3. Elin

Jag hatar folk som slösar på energi på fel saker. Nu är hela mitt liv el-lean.

4.   Elsa

Det viktigaste för mig är att jag får behålla
min h-älsa.

5. Emma

Mina polare vill att vi ska ut och ragga på
stan men jag vill bara stanna med dig här
h-emma.

6. Erika

Alla som jag gillar *konstpaus* e rika.

7.   Iris

Jag letar efter någon som jag vill spendera resten av livet med. Jag brukar inte normalt fantisera om mitt bröllop men jag kan verkligen se dig i ris.

8. Josefin

Jag fick som tips att när det kommer till tjejer så ska man inte fråga vad man vill ha på kvällen utan vad man vill ha till frukost. Jag tänkte direkt, juice är fin.

9. Judit

Vet du vems namn som står på mitt hjärta?

Det e ju ditt!

10.　Juliette

Mina vänner frågade om det inte är dags för lite omväxling nu när det närmar sig påsk. Jag svarade lugnt att nää, jag trivs bra med jul i ett.

11.   Klara

Om jag kan tänka mig ett liv utan dig? Det
vet du att jag aldrig skulle kunna, klara!

12.   Lena

Med dig vill jag bara mysa, dina ben är så...
lena

13.   Maja

Jag är ingen pundare egentligen men jag är definitivt beroende. Jag kommer aldrig kunna sluta att hålla på med Maja.

14. Olivia

Jag är svag för frukt i bokstäver, du är så fin
oliv i a.

15.   Sanna

Det finns många som svär sig över kärlek
men de har då aldrig funnit sanna, lyckan i
livet.

16.   Stella

Innan så har jag dejtat ballerinor och gymnaster men nu är jag trött på viga tjejer. De enda jag vill ha är stela.

(Läses på göteborgska.)

17.   Tina

Mitt hjärta har alltid varit rätt fruset och
det har aldrig velat fatta tycke för någon
förut men tack vare dig har det nu börjat,
tina.

18.   Tove

Mina vänner undrar hur mitt hår kan vara
så finkammat när mitt liv är så tovigt.

19.   Tuva

Måste du verkligen fråga vem jag älskar
mest i världen? Du vet la att de e du va?

*(Läs "du va" så göteborgskt så att det
faktiskt låter som "tu va".)*

20.   Ulrika

Jag förstår inte varför andra flickor rakar benen, jag älskar ull rika.

21.   Veronika

Nu har jag slutat med analogt snus. Nu är det bara VR-onica.

HUR VI TRÄFFADES

22. Agnes

Jag klarar inte av tjejer som går runt och är sura. Vissa kan vara bittra i flera dagar över en liten småsak. Själv släpper jag sånt fort och det är skönt att ha hittat någon som tänker som jag, agg nesch.

23.   Agneta

Hur vi träffades? Jag frågade den ryske
ambassadören, han som aldrig kan
bestämma sig om han är arg eller inte, om
han kunde para ihop mig med någon. Han
svarade agg niet ja.

24.   Alexandra

När min polare bestämde sig för att det va dags att ta sig samman och bli monogam så blev jag jätteglad. Helt plötsligt så kunde jag ju få Alex andra.

25. Ann

Jag brukar inte vara den som flirtar sent på kvällen men när jag såg den här flickan kunde jag inte låta bli att lägga an.

26.   Beata

Vi hade satt oss till bords på grillningen och precis börjat lägga upp på faten. Då såg jag henne. Hon fängslade mig med sina ögon, räckte över såsen och just som jag tog emot den och våra händer nuddade varandra så sa hon sensuellt, bea ta.

27.   Eva

Mina polare frågade om det inte var dags
för mig att hitta någon att gifta mig med.
Jag kanske rent av redan hade någon i
åtanke. Jag förstod ingenting utan svarade
"Ehh va".

28. Fanny

Efter att det tog slut med min förra flickvän
så kände jag mig ensam i några dagar.
Sedan så insåg jag att det bara fanns en
lösning och tänkte för mig själv
konstpaus fan ny.

29.   Ida

Vi sågs ute på stranden, pratade lite,
badade tillsammans. Det slog verkligen
gnistor så innan det var dags att gå så
frågade jag henne helt oblygt: Vill du ses
lite senare ida(g)?

30. Jenny

När jag blev av med min gamla flickvän så tog jag lite tid för att tänka igenom vad jag vill ha. Så småningom gick det upp för mig. Jag sjönk ner på mina bara knän och skrek till gud: GE NY!

31.   Jessica

Jag hade varit vilse i skogen i flera veckor
och höll på att svälta ihjäl. När jag nästan
förtvinat bort så såg jag dig. Mitt hjärta tog
ett skutt i bröstet och jag kunde inte låta
bli att utbrista YES ICA!

32. Lotta

Jag hade beslutsångest och visste inte vem utav kvinnorna jag skulle välja så jag fick lotta.

33.   Marina

Jag har ju växt upp vid kusten och när vi träffades i hamnen så kändes det så självklart att jag skulle hitta kärleken i en marina.

34. Moa

Jag vet att jag är otroligt vacker och vägrar byta ner mig så den enda som jag någonsin ens kunnat tänka mig att dejta är moa.

(Läses med fransk brytning.)

35.   Molly

Första gången jag såg henne så satt jag på rampen och spanade ut över skate parken. Och helt plötsligt va hon där, den coolaste bruden som jag någonsin sett. Jag såg på när hon skatea och nickade för mig själv mm olly.

36. Otila

Vi satt på samma restaurang och jag kunde inte hjälpa att stirra på henne. Hon var inte som någon annan på hela restaurangen. Jag kunde inte slita blicken. Ja hon åt, illa.

(Läses på göteborgska.)

37.   Ronja

Jag blev frågad om jag inte ville träffa
någon lugn tjej istället. Jag svarade
instinktivt, ro nja.

38. Viola

Jag hade letat efter den rätta hur länge
som helst sen plötsligt stod hon bara där,
viola!

(Läses med fransk brytning.)

PÅ SVENGELSKA

40.   Adele

Mina polare säger att jag har ett beroende,
att jag aldrig skulle få en flickvän för att jag
inte kunde lämna min ASUS men vem
skrattar nu när jag spenderar all min tid
med a dell.

41. Alex

J-j-jag älskar en tj-j-jej som kan va sådär
hä-ä-ärligt p-p-po-o-orrig. Har ni SE-E-ETT
henne eller? All X-X-X!

(Läses med ordentliga stamningar.)

42.   Edit

Kristina undrade vem mitt hjärta tillhör.
Jag svara de e-e-ditt.

*(Kan med fördel läsas med lätta
stamningar.)*

43.   Gun

Vilken brud är bäst med vapen?
-Gun!

44. Ingrid

Jag klarar inte tanken på att leva utan
uppkoppling. Jag skulle vara i
upplösningstillstånd, jag skulle inte klara
en sekund så den känns skönt att ha hittat
någon som förstår mig och kan hålla mig in
grid.

45.   Lova

Jag är inte så gammeldags, jag skulle absolut kunna tänka mig att ta hennes namn. Om ni inte vill kalla mig mister boombastic kan ni alltid kalla mig för mister lova-lova.

46. Majken

I hela mitt liv har jag kunnat relatera till barbie, jag är snygg, blond och singel. Det kändes därför helt självklart att bil ihop när jag hittade my Ken.

47.   Malin

Om det är seriöst? Jag är förälskad, I'm all in.

(Läses i slowmotion.)

48. Mimmi

Min förra flickvän säger att jag är för
självupptagen. Jag svarade att det ändå
aldrig skulle funka för jag älskade inte
henne lika mycket som jag älskar me me.

49.   Sigrid

Innan vi träffades hade jag inte en tanke på att sluta röka men nu är det enda jag har på hjärnan cigg rid.

50. Sofia

Mina vänner frågade hur het du va. Jag bara kollade på dom och sa "so fire".

(Läses med Arnold Schwarzenegger brytning.)

51.   Therese

Åh herre gud! Har ni sett? There is; en vacker tjej framför mej.

52. Tintin

Jag dejtar egentligen bara fylliga brudar men gör ett undantag för dig thin thin.

(Läses med thailändsk brytning.)

PÅ GÖTEBORGSKA

53. Andrea

Min brittiska kompis sa till mig att "hörru,
är det inte dags att du skaffar dig en bird".
Jag lät hans ord sjunka in och insåg att han
hade helt rätt. Därför blev jag helt till mig
när jag kom över and rea.

54.   Ella

Du e la för go, ella!

55.   Hannah

Jag gillar tjejer som är svårfångade och jag visste direkt att jag skulle få kämpa för dig. När din vän introducerade mig för dig så såg du skeptisk ut och svarade han nah.

56.   Helena

Innan jag träffade dig visste jag inte vem
jag var, jag var tom, vilsen och splittrad
men nu har jag hittat mig själv. Jag vill att
du ska veta att du verkligen gör mig hel
änna!

57.   Holly

Den här tjejen är en riktig berg och dalbana
men jag fick ändå en förvarning. När jag
frågade efter hennes namn så lutade hon
sig fram och viskade håll i.

58.   Isabelle

Va(r) va din första gång?

I Saab elle?!

59.   Magdalena

Ni vet ju hur jag älskar piercingar om dom sitter på rätt ställe. Inte konstigt att jag är attraherad av mag dal änna.

60. Mila

Det tog ett tag att få ordentlig distans till mitt ex men nu har jag i alla fall fått mila.

FRÄCKISAR

61.   Camilla

Jag har aldrig haft knullrufs förut men puh,
efter en natt med henne är det enda jag
tänker framför spegeln kam illa.

62. Carmen

Jag vet att du tycker om att pröva på att göra det på olika ställen. Vad tror du om fönster *konstpaus* karmen?

63.   Cecilia

Nu har vi varit på den här dejten ett tag så vad tror du? Ses i lya?

64.   Idun

Hörru snäckan, nu har vi varit borta från min säng alldeles för länge! Nu vill jag ha dig i dun!

65.   Karin

Hon var sugen direkt, jag han knappt
frågade efter hennes namn på klubben
innan hon skrek "kar(l) in!".

66. Katja

Första gången i sovrummet så hoppades jag på en puma. Hon va väl kanske lite mer av en kat... ja.

67.   Liv

Igår hade jag sex på en kyrkogård. Det var på liv och död.

68.   Lotti

Jag känner mig tursam, jag vill ha en kväll
med lott i.

69. Lydia

Jag gillar tjejer som gör som jag säger. Jag gillar lydiga.

70. Mona

Vår första gång var ingen höjdare. Jag råkade pricka in fel del av måna.

71.   Rut

Jag tycker inte om kläderna du har på dig.
Om du bjuder med mig hem så kan jag
göra dig en tjänst. Självklart så erbjuder jag
rut-avdrag.

72.   Saga

Jag har alltid velat leva i en Disneyfilm och nu äntligen får jag vara prinsen i en saga.

73.   Sara

Hon är en riktig vildkatt i sovrummet hon sa raaaaa!

(uttala "raaaaa" som en puma i djungeln som slänger sig från en gren ner över sitt byte och förstenar bytet med sitt avgrundsvrål)

74. Vilde

Jag gillar rätt kinky sex men hade svårt att hitta någon som ville ha det med mig. Det kändes hopplöst ett tag. Jag trodde aldrig att jag skulle hitta en sådan som vill de.

75.   Ylva

Hon låter en hel del i sängen men det går inte att höra vad hon säger. Det märks att jag dejtar en "yl va?"

DE RIKTIGT DÅLIGA

76.   Alice

- Trots att vi är bra polare så är du inte välkommen på min fest.
- Varför då?
- Jag är rädd att du skulle ta all is ifrån mig.

77.   Alva

Det är klart att det kan va lite rörigt att dejta någon som heter samma sak som ens ex men jag tror inte att det är någon större förvirring kring vem som är min bättre (h)alva.

78.   Amanda

Mina vänner frågade vem jag tror är den rätta och jag bah, ah men dah!

(Läses med uttalet av en bortskämd 13-årig flicka.)

79.   Annika

Jag brukar tycka att det är svårt att få
kontakt med folk på krogen men när jag
såg henne på dansgolvet så visste jag att
jag var tvungen att försöka så jag gick fram
till henne och frågade om hon tyckte att de
va nå kul att spela fotboll. Hon svarade "aa
nicka".

80. Barbra

Den där klänningen är lite för stor för
henne men hon där borta, hon bar bra.

81.   Barbro

Gick hon verkligen naken över sundet? Ja, hon var en sån där bar bro.

82.   Britt

Har du bott i Sverige hela ditt liv? Det
känns som att jag inte känner dig längre.
Jag trodde att du var britt!

83.   Elvira

Jag hatar när sladdar trasslar sig så, därför
känns det bra att alltid ha el vira i
närheten.

84.   Filippa

Jag kan vara väldigt sentimental vid
frukosten så det känns skönt att jag hittat
en annan person som också kan, fil lipa.

85.   Frida

Folk säger att jag är lite av en toffel men
jag kan ändå prioritera att hänga med mina
vänner så länge jag fått fri da(g).

86.   Gry

Det stämmer att hon har gått ner i vikt.
Hon har följt en diet som går ut på att man
blir vad man äter. Hon åt en massa havre,
så nu blev hon gry-nätt.

87. Ingeborg

Vissa försöker försvara sig bakom sina
befästningar, det behöver inte jag, jag har
inge borg.

88. Jasmin

Mina vänner har alltid sagt att jag är uppe bland molnen men det har tydligen blivit ännu värre nu med JAS min.

89.　Leia

Tycker det känns lite märkligt att köpa
kärlek men sen tänkte jag varför inte leja.

90.   Lillian

Jag känner mig som den unga Tarsan som
svingar sig i djungeln nu när jag äntligen
funnit min lill lian.

91. Lina

Min flickvän är masochist. Därav min nya fritidssysselsättning – att gå på lina.

92.   Lisen

Det känns skönt att veta att jag kan slippa vara arg på dig. Jag vet ju att du alltid kommer att vara ledsen.

(Bohuslänskt uttal)

93.   Marselle

Du är så snygg att du måste va från en annan planet, förlåt är det mars elle?

94.   Märta

Jag gillar grönt och när jag såg hennes
klänning tänkte jag bara mm ärta.

95. Robin

Min förra flickvän gick jämnt på som en
flock förbannade getingar så det känns
bättre nu med ro bin.

96.   Roxan

Jag tycker att det är viktigt att man inte
byter musiksmak hela tiden, det driver mig
till vansinne. Nu har jag äntligen hittat
någon som låter bli och den tjejen är rock
sann.

97.   Sandra

Jag har blivit anklagad för en massa saker, bland annat att objektifiera kvinnor. Det sa andra.

98.   Theresa

-   Skulle du kunna tänka dig att åka
    med mig till Kina eller Indien i två
    veckor? Vi kan dricka massor! Det
    blir kul jag lovar. Kom igen te resa!

99. Tilde

På restaurangen:

- Jag kan aldrig bestämma mig, ska vi ta något gemensamt? Jag vill ha laxen, vad vill du ha till de?

100. Vera

Jag förstår inte varför hon är så arg över att alla hennes huvudvärkstabletter är borta, ni sa ju att det inte gjorde något om vi tog av (v)era.

101. Viveca

Du älskling ska vi inte bara strunta i alla andra ett tag och ta en vi vecka?